Irmgard Schwoshuber

Stationentraining Ägypten

Materialien zum Erstellen eines Lernzirkels mit 14 Stationen

Auer

Quellennachweis

S. 17 Verlagsarchiv

S. 38 Pyramiden: https://commons.wikimedia.org/wiki/File%3AAll_Gizah_Pyramids.jpg, By Ricardo Liberato (All Gizah Pyramids) [CC BY-SA 2.0 (https://creativecommons.org/licenses/by-sa/2.0)], via Wikimedia Commons

S. 44 Verlagsarchiv

S. 52 Tutenchamun: https://commons.wikimedia.org/wiki/File%3ATut_coffinette.jpg, By No machine-readable author provided. Kaveh assumed (based on copyright claims). [CC BY-SA 2.5 (https://creativecommons.org/licenses/by-sa/2.5)], via Wikimedia Commons

Gedruckt auf umweltbewusst gefertigtem, chlorfrei gebleichtem
und alterungsbeständigem Papier.

8. Auflage 2018
Nach den seit 2006 amtlich gültigen Regelungen der Rechtschreibung

AAP Lehrerfachverlage GmbH, Augsburg

Illustrationen: Steffen Jähde, Verlagsarchiv
Satz: Fotosatz H. Buck, Kumhausen
Druck und Bindung: Aubele Druck GmbH, Kempten
ISBN 978-3-403-**02818**-5

www.auer-verlag.de

Inhaltsverzeichnis

Stationentraining ÄGYPTEN: Eine Einführung in die Arbeitsform

Der vorliegende Band bietet vielseitiges Material, mit dem sich Schüler selbstständig in die faszinierende Welt der alten Ägypter einarbeiten können. An 14 Stationen gewinnen sie einen ersten Einblick in Politik, Religion, Handwerk, Landwirtschaft und Kunst einer Hochkultur des Altertums. Je nach Bedarf können die Stationen durch weitere ergänzt werden.

Jede Station besteht aus einer Auftragskarte, entsprechenden Materialien und gegebenenfalls einem Arbeitsblatt.

Im Klassenzimmer, Gruppenraum oder Flur werden die einzelnen Stationen zur Bearbeitung ausgelegt. Die Schüler lösen die Aufgaben in Partnerarbeit und überprüfen ihre Ergebnisse mithilfe der Selbstkontrollmöglichkeiten. Jeder Schüler erhält ein Blanko-Inhaltsverzeichnis, in das er die Nummern und Überschriften der Stationen in der von ihm bearbeiteten Reihenfolge einträgt. Ist eine Station fertig bearbeitet, leistet der Schüler seine Unterschrift in dem dafür vorgesehenen Kästchen des Inhaltsverzeichnisses. Eine verbindliche Reihenfolge für die Bearbeitung der einzelnen Stationen wird den Schülern nicht vorgegeben.

Zu Beginn der Stationenarbeit entscheidet der Lehrer, welche Stationen für die Schüler verpflichtend sind und welche freiwillig bearbeitet werden können. Dies kann durch rote und grüne Klebepunkte auf den Auftragskarten gekennzeichnet und im Inhaltsverzeichnis ebenfalls entsprechend vermerkt werden.

Zeit und Reihenfolge der Stationen-Bearbeitung teilen sich die Schüler selbst ein.

Vor dem Start: Schüler und Lehrer bereiten das Stationentraining vor

1. Einstimmung

Einige Wochen vor der geplanten Durchführung des Stationentrainings werden die Schüler anhand von Fotos, Filmen, Reiseerzählungen, Büchern usw. auf das Thema Ägypten eingestimmt. Sie sollen dadurch angeregt werden, selbst entsprechendes Material zu sammeln, z. B.:

- Jugendbücher (aus der Stadt-, Gemeinde- oder Schulbücherei),
- Reiseprospekte,
- Reiseandenken wie Papyrusblätter, Skarabäen, Fotos,
- Bildmaterial und Informationen aus dem Internet.

Diese „Fundstücke“ werden zu einer kleinen Ausstellung im Klassenzimmer arrangiert.

2. Durchführung des Stationentrainings

Die in diesem Band enthaltenen Materialien werden kopiert und dienen als Arbeitsgrundlage für die einzelnen Stationen. Welche zusätzlichen Materialien benötigt werden, ist der Übersicht auf Seite 8 zu entnehmen. Es empfiehlt sich, die Materialien für die einzelnen Stationen jeweils in einen Karton o. Ä. zu geben. Kleinere Teile werden in Briefkuverts verpackt.

Falls Papyrusableger eingepflanzt werden, müssen diese etwa drei Wochen vor der Durchführung des Stationentrainings besorgt und zum Austreiben der Wurzeln in Wassergläser gestellt werden.

So sichern wir unsere Ergebnisse

Die einzelnen Stationen sind so konzipiert, dass die Schüler ihre Ergebnisse selbst kontrollieren können. Verschiedene Formen der Selbstkontrolle wechseln sich ab, z. B. können die Schüler ein Kreuzworträtsel mithilfe eines Lösungsworts überprüfen.

Die Lehrkraft stellt sich während des Stationenbetriebs den Schülern als Berater und Gesprächspartner zur Verfügung, muss sich jedoch nicht um die direkte Ergebniskontrolle kümmern.

An den meisten Stationen dienen Arbeitsblätter der Ergebnissicherung. Gleichzeitig können sie die inhaltliche Grundlage für eine spätere Lernzielkontrolle darstellen.

Die Arbeitsblätter werden in einer Mappe zusammengefasst und mit eigenen Zeichnungen, Einträgen oder Bildern ergänzt. Somit dokumentiert jeder Schüler seine fortlaufende Arbeit an den Stationen und kann am Ende des Trainings ein individuelles, selbst verfasstes „Ägyptenbuch“ vorweisen.

Diese Materialien werden benötigt ...

Stationentraining
ÄGYPTEN

Station 1	• Globus, Atlas, Arbeitsblatt
Station 2	• 25-m-Maßband (Sportunterricht) • Jahreszahlkärtchen wie in der Vorlage zusammenkleben, Rückseite der Kärtchen = 2 Lösungssätze (Selbstkontrolle)
Station 3	• Puzzlebogen (Wüste, Grüngürtel, Nil) in ca. 24 Teile zerschneiden • Bildkarte Nil (Arbeitsblatt mit Farbfotos zum kostenlosen Download unter www.auer-verlag.de/go/2818) • Arbeitsblatt
Station 4	• Textkarten ausschneiden • Bildvorlage • Arbeitsblatt
Station 5	• 5 Text- und 5 Bildkarten kopieren und wie in der Vorlage zusammenkleben, Rückseite der Karten = 3 Lösungssätze (Selbstkontrolle) • Arbeitsblatt
Station 6	• Informationstext • Arbeitsblatt
Station 7	• Vorder- und Rückseite kopieren und wie in der Vorlage zusammenkleben • 6 Holzwäscheklammern mit Wortkärtchen vorder- und rückseitig bekleben • Arbeitsblatt
Station 8	• falls vorhanden, echtes Papyrusblatt statt Bildvorlage • Wortkärtchen und Lösungsrolle ausschneiden • Lupe, Arbeitsblatt
Station 9	• Metallprägefolie DIN A4 • Papier für Entwürfe • Bleistift, Tesafilm, wasserfeste Folienstifte • Kopiervorlage
Station 10	• Papyrusableger • kleine Blumentöpfe oder Gläser, Blumenerde, Gießkanne • Arbeitsblatt
Station 11	• Arbeitskarte mit Text • Text auf Smartphone/digitales Aufnahmegerät sprechen • Laptop, mobile Boxen, Smartphone • Arbeitsblatt
Station 12	• 6 Bild- und 6 Textkärtchen ausschneiden • Lösungsschatztruhe zusammenkleben • Arbeitsblatt
Station 13	• Bilder aus Reiseprospekten • Klebstoff, Schere, Plakatschreiber, Plakatkarton
Station 14	• Bücher zum Thema Ägypten

Spielregeln für das Stationentraining

Lies bei jeder Station immer zuerst die Auftragskarte!

Räume das Material wieder auf!

Führe eine angefangene Arbeit immer zu Ende!

Wenn ihr mit einer Station fertig seid, sucht euch gemeinsam eine neue Station aus!

Sprich so leise, dass niemand gestört wird!

Stationentraining ÄGYPTEN

Name:	Inhaltsverzeichnis	Datum:

Inhaltsverzeichnis

Nr.		Station	Unterschrift
	◯		
	◯		
	◯		
	◯		
	◯		
	◯		
	◯		
	◯		
	◯		
	◯		
	◯		
	◯		
	◯		
	◯		
	◯		
	◯		
	◯		
	◯		
	◯		

◯ rot = verpflichtend

◯ grün = freiwillig

Stationentraining ÄGYPTEN

Station 1
Wo liegt Ägypten?

1. Suche Ägypten auf dem Globus und im Atlas!
2. Markiere Ägypten auf dem Arbeitsblatt farbig!
3. Löse das Rätsel!

Stationentraining
ÄGYPTEN

Material:
- Globus
- Schulatlas
- Arbeitsblatt

Name:	Station 1	Datum:

Wo liegt Ägypten?

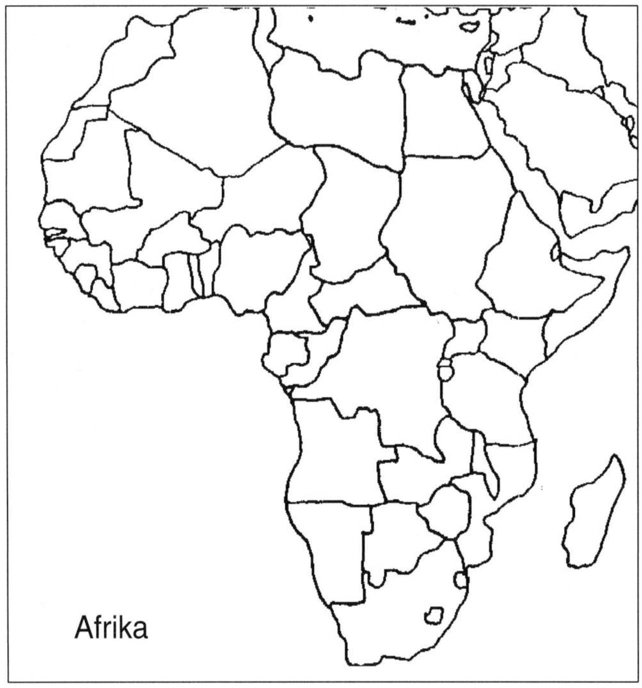

– Suche Ägypten auf der Weltkarte (Globus und Atlas)!
– Markiere Ägypten in der oberen Zeichnung farbig!
– Löse das Rätsel! Die Buchstaben in den fett gedruckten Kästchen ergeben den Namen eines berühmten ägyptischen Gottes.

Rätsel:

1. Wie nennt man das Meer im Osten Ägyptens?
2. Welches Nachbarland liegt im Osten?
3. Welches Meer befindet sich im Norden Ägyptens?
4. Wie heißt die jetzige Hauptstadt Ägyptens?
5. Welcher große Fluss fließt durch das Land?
6. Welches Nachbarland liegt im Süden?

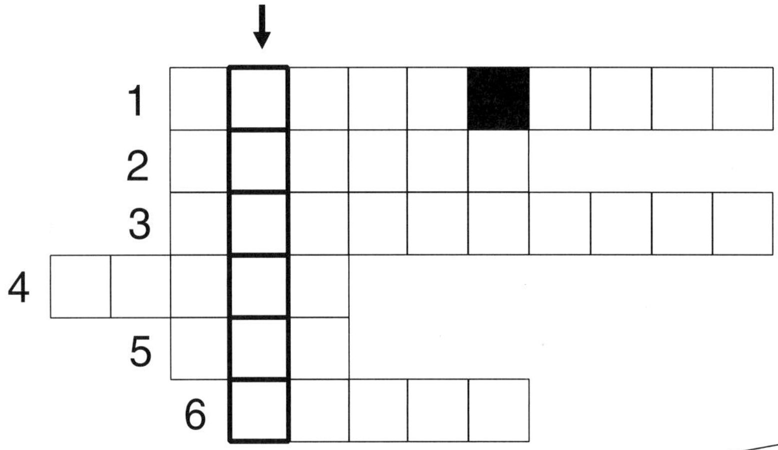

Der ägyptische Gott heißt ______________________ .

Stationentraining ÄGYPTEN

Station 2 Jahreszahlkärtchen **20..** nach Christi Geburt	Station 2 Jahreszahlkärtchen **500** vor Christi Geburt
Station 2 Jahreszahlkärtchen **1500** nach Christi Geburt	Station 2 Jahreszahlkärtchen **1000** vor Christi Geburt
Station 2 Jahreszahlkärtchen **1000** nach Christi Geburt	Station 2 Jahreszahlkärtchen **1500** vor Christi Geburt
Station 2 Jahreszahlkärtchen **500** nach Christi Geburt	Station 2 Jahreszahlkärtchen **2000** vor Christi Geburt
Station 2 Jahreszahlkärtchen Das Jahr **0** Anfang unserer Zeitrechnung	Station 2 Jahreszahlkärtchen **2500** vor Christi Geburt
Station 2 **Mein Geburtsjahr**	Station 2 **Das Geburtsjahr meines Geschichtslehrers**

Station 2 Sie	Station 2 hoch.
Station 2 erbaut.	Station 2 und ist ca. 146 m
Station 2 wurde ca. 2520 v. Chr.	Station 2 Steinblöcken
Station 2 bei Giseh	Station 2 über zwei Millionen
Station 2 Die Cheops- Pyramide	Station 2 besteht aus
Station 2	Station 2

Station 2

Wann wurden die Pyramiden erbaut?

1. Lege das große Maßband bis zu 22,5 m z.B. im Flur aus!
2. An den Anfang des Maßbandes (= Nullpunkt) legst du das Kärtchen [20..].
3. Jetzt beginnt die Zeitreise in die Vergangenheit:
   Gehe immer in 2,5-m-Schritten das Maßband entlang (2,5 m; 5 m; 7,5 m; 10 m; … 22,5 m)! Markiere diese Stellen so mit den Jahreszahlkärtchen, dass du immer weiter in die Vergangenheit zurückgehst!
   Wo fügst du die beiden Karten [Mein Geburtsjahr] und [Das Geburtsjahr meines Geschichtslehrers] ein?
4. Drehe am Schluss alle Jahreszahlkärtchen um! Du kannst die beiden Lösungssätze lesen, wenn du bei der Karte anfängst, die die älteste Jahreszahl darstellt.

Stationentraining
ÄGYPTEN

Material:
- 25-m-Maßband (Sportunterricht)
- Jahreszahlkärtchen

Station 3
Der Nil

1. Betrachte die Fotos von der Nillandschaft!
2. Besprich mit deinem Partner, wie diese Landschaft aufgebaut ist!
3. Welche Lebensbedingungen finden die Menschen dort vor?
4. Setze nun das Puzzle zusammen!
5. Gestalte anschließend die Landkarte auf dem Arbeitsblatt farbig und beschrifte sie!

Material:
- Bildkarte Nil
- Arbeitsblatt
- Puzzle

Vorbereitung:
- Puzzlebogen mit Folie bekleben und in ca. 24 Teile zerschneiden

Stationentraining
ÄGYPTEN

Bildkarte Nil

Station 3

Ägypten liegt in der Wüstenregion Nordafrikas. Hier fällt fast nie Regen. Die Lebensbedingungen sind sehr hart, da nur in den Uferzonen des Nils Leben möglich ist.

Puzzlebogen Station 3

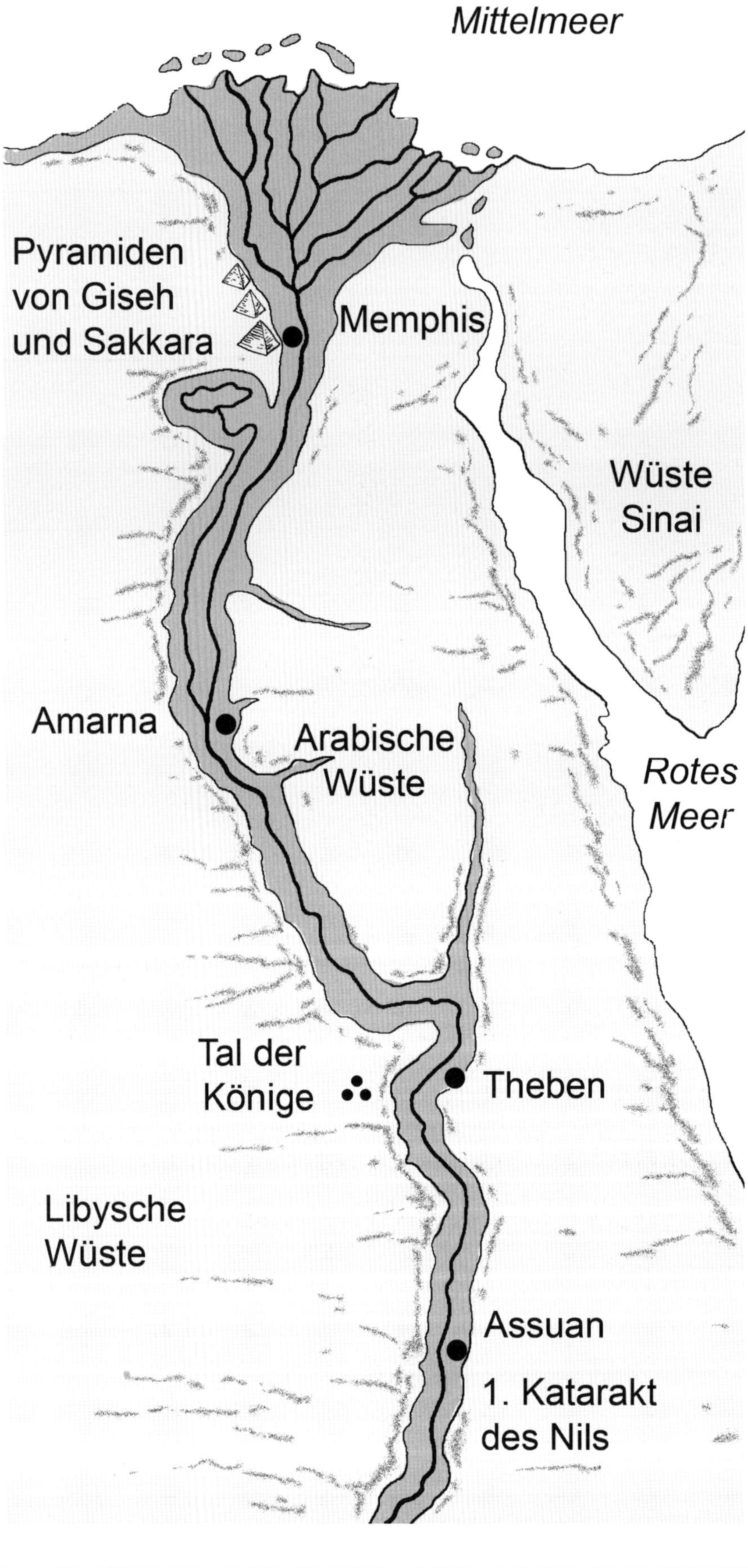

Name:	Station 3	Datum:

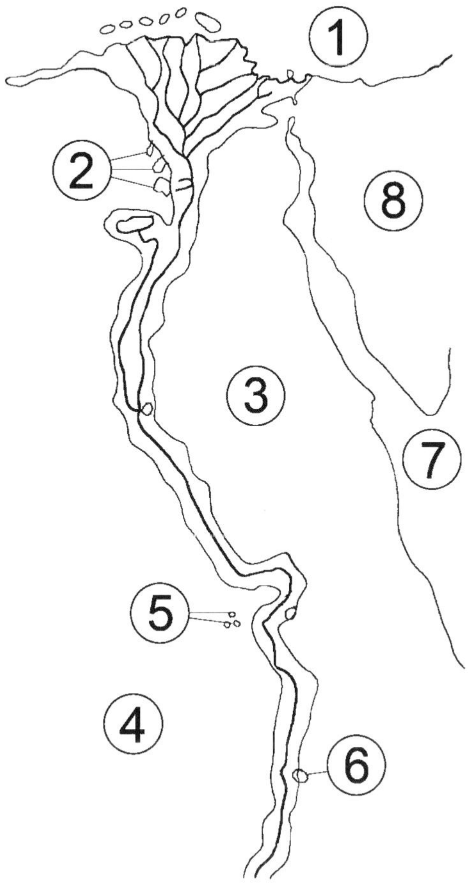

① ______

② ______

______

③ ______

④ ______

⑤ ______

⑥ ______

⑦ ______

⑧ ______

Ägypten liegt in der Wüstenregion Nordafrikas. Hier fällt fast nie Regen. Die Lebensbedingungen sind sehr hart, da nur in den Uferzonen des Nils Leben möglich ist.

Stationentraining ÄGYPTEN

Station 4
Leben im Niltal

1. Lies die Textkarten gut durch und lege sie auf das passende Bild!
2. Wenn du die Texte den 4 Bildern richtig zugeordnet hast, ergeben die fett gedruckten Buchstaben der Reihe nach gelesen einen Lösungssatz (siehe Arbeitsblatt).
   Beginne bei dem Text zu Bild 1!
3. Gestalte einen Eintrag mithilfe des Arbeitsblatts!

Stationentraining
ÄGYPTEN

Material:
- Bildvorlage
- 4 Textkarten
- Arbeitsblatt

Station 4
Bildvorlage

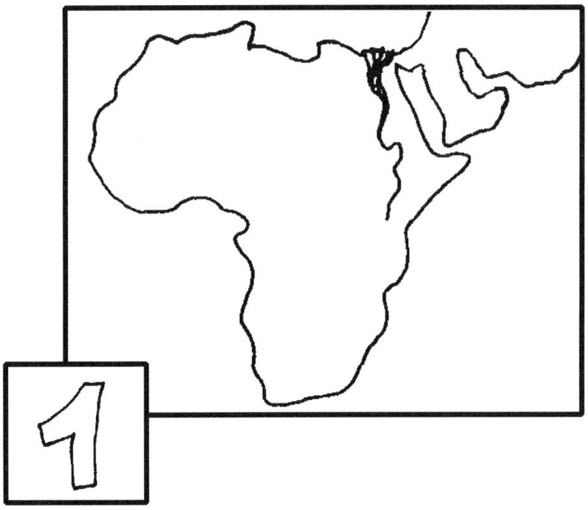

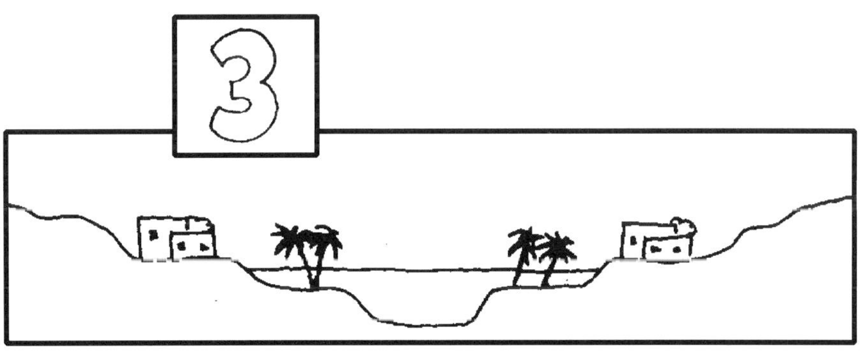

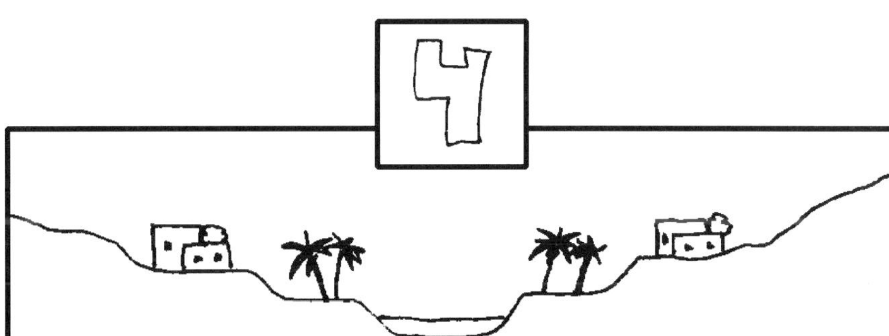

Textkarten **Station 4**

Station 4

Ägypten liegt in der Wüstenregion Nordafrikas. **D**er Nil, der längste Fluss der Erde, fließt durch d**a**s Land. Von den Quellen bis zur Mündung in da**s** Mittelmeer misst er 6650 Kilometer.

Station 4

Da es in Ägypten damals wie **h**eute fast nie regnet, w**a**r zur damaligen Zeit nur im Uferbereich des Nil**s** Leben möglich. Die Ägypter erfanden ein sehr gut funk**t**ionierendes Bewässerungssystem. Auf dem Bil**d** siehst du ein Schad**u**f. Damit wurde das Wasse**r** des Nils in die Kanäle **g**eschöpft.

Station 4

Das Leben der Ägypter richtete sich früher nach dem Wasserstand des Nils. Im Aug**u**st und im Sep**t**ember war das Niltal völli**g** üb**e**rschwem**mt**.

Station 4

Den niedrigsten Wasserst**a**nd hatte der Nil im Januar und Februar. Heute wird der Nil dur**ch** Staudämme reguliert. Dadurch bleibt jedoch auch der fruch**t**bare Schlamm aus.

Arbeitsblatt zu Station 4

Gestalte mit diesen Bildern einen eigenen Eintrag!

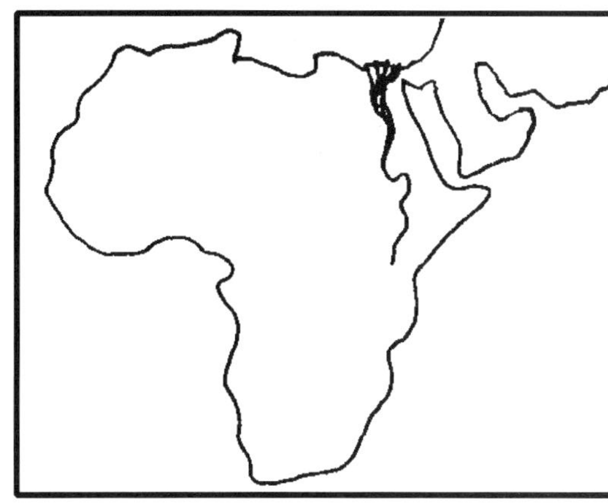

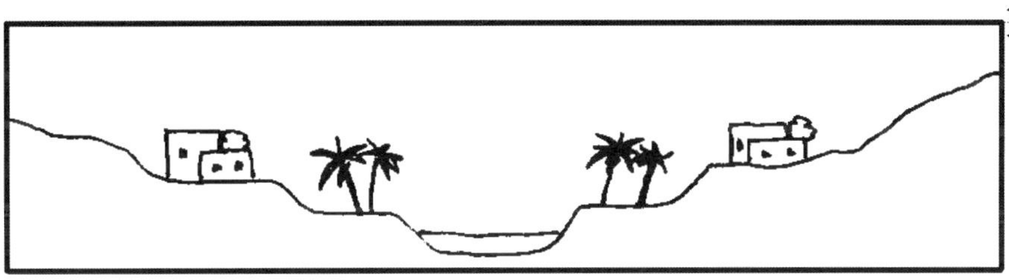

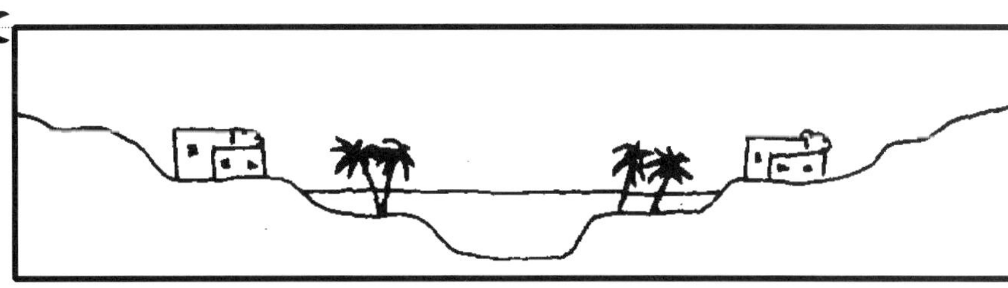

Der Lösungssatz lautet:

_ _ _ h _ _ _ _ _ g _ _ _ _ _ _ _ _ _ _ !

Irmgard Schwoshuber: Stationentraining ÄGYPTEN

Station 5

Die Ägypter glaubten an ein Weiterleben nach dem Tod

1. Lege die 5 nummerierten Textkarten so auf:
   ①
   ②
   ③
   ④
   ⑤
2. Ordne den 5 Textkarten die passenden Bilder zu!
   Lege die Bildkarte immer rechts neben die Textkarte: [Text] + [Bild]
3. Drehe anschließend alle Text- und Bildkarten um (es erscheint überall ein grauer Rand)!
4. Wie lauten die 3 Lösungssätze?
5. Schreibe zu den Bildern auf deinem Arbeitsblatt Stichpunkte auf!

Material:
- 5 Textkarten
- 5 Bildkarten
- Arbeitsblatt

Stationentraining
ÄGYPTEN

①

Station 5

Die Ägypter glaubten an ein Weiterleben nach dem Tod. Die Aufgabe der Angehörigen war es, alles für die Reise ins Totenreich vorzubereiten. Zuerst musste der Leichnam einbalsamiert werden.

Stationentraining ÄGYPTEN

②

Station 5

Um den Körper zu schützen, legte man ihn in einen prächtigen, hölzernen Sarkophag.

Stationentraining ÄGYPTEN

Osiris,

ist König des Totenreiches.

③

Station 5

Den Verstorbenen wurden bei der Bestattung Getränke, Essen, Kleidung und Möbel mitgegeben. Wichtig war auch ein Schiffsmodell zur Überfahrt über den Totenfluss.

Stationentraining
ÄGYPTEN

④

Station 5

Nach der Überfahrt muss der Verstorbene vor einem Totengericht erscheinen. Der schakalköpfige Gott Anubis wiegt das Herz des Toten. Befindet sich die Waage im Gleichgewicht, hat der Verstorbene ein gutes Leben geführt. Andernfalls wird das Herz des Toten von einem Ungeheuer verschlungen.

Stationentraining
ÄGYPTEN

weisen Osiris als
König aus,

Die grüne Hautfarbe

⑤

Station 5

Mumie eines Pharaos

Stationentraining
ÄGYPTEN

Station 5

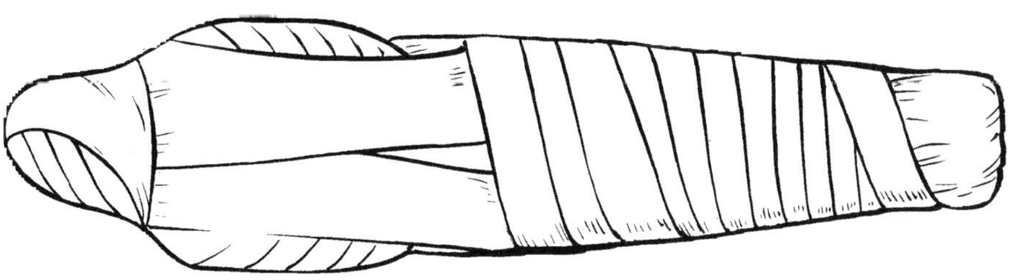

so viel wie „Lebensspender“.

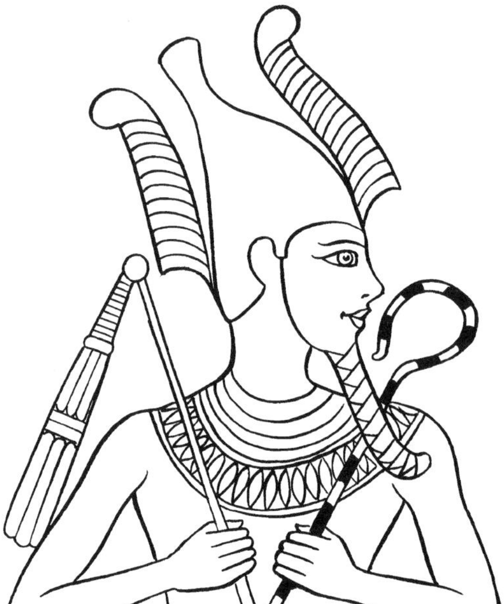

Station 5

Station 5

der geflochtene Bart als Gott.

bedeutet

Station 5

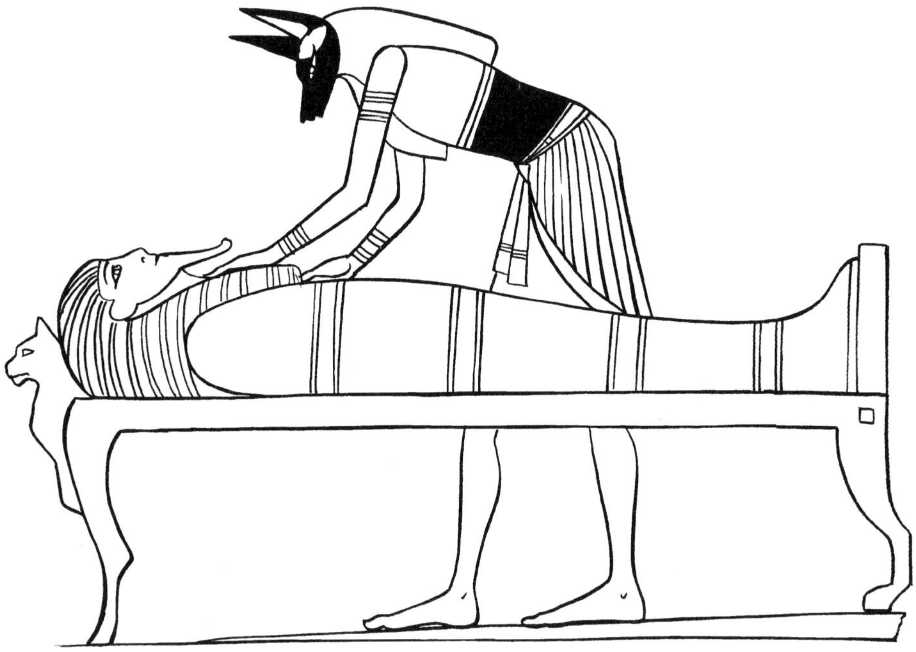

Station 5

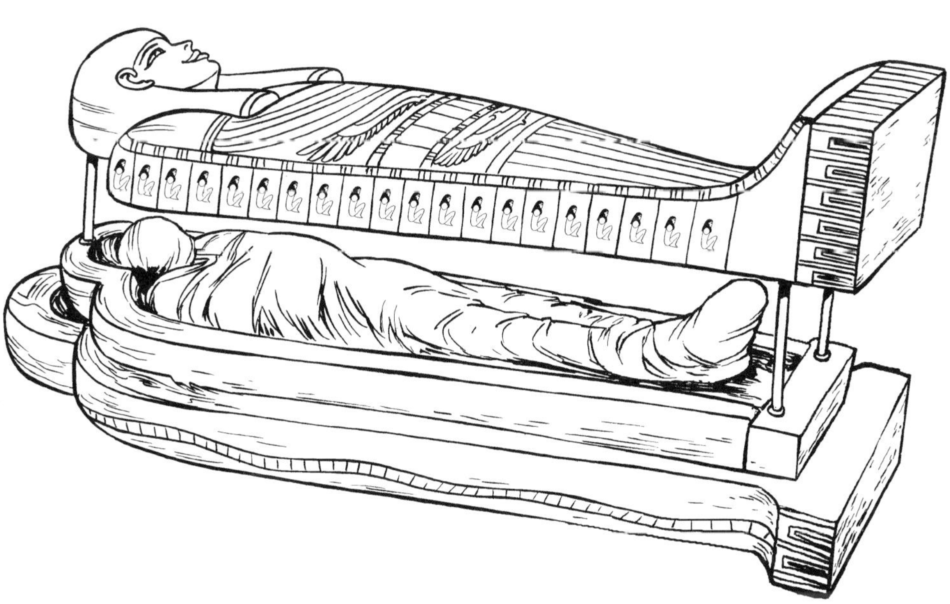

der bekannteste ägyptische Gott,

Krone, Krummstab und Wedel

Name:	Station 5	Datum:

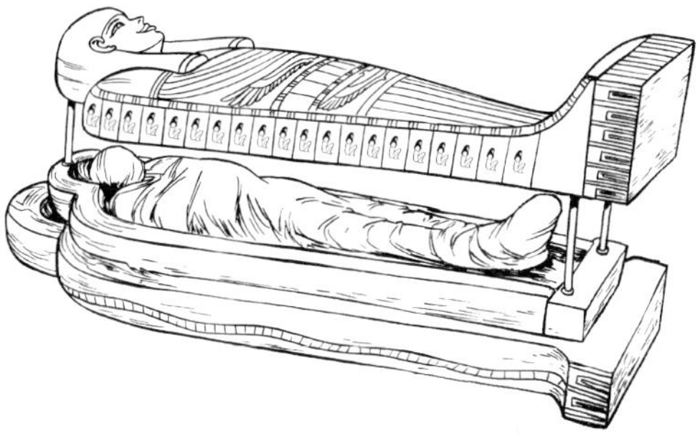

Die 3 Lösungssätze lauten:

Station 6
Pyramiden: Königspaläste für die Ewigkeit

1. Betrachte die Bilder und lies den Text dazu!
2. Bearbeite nun das Arbeitsblatt!

Stationentraining
ÄGYPTEN

Material:
– Informationstext
– Arbeitsblatt

Station 6

Pyramiden: Königspaläste für die Ewigkeit

Die ägyptischen Pharaonen wurden als Götter verehrt. Um ihre Macht zu zeigen, ließen sie sich riesige Pyramiden bauen. Auf diesem Blatt siehst du die Pyramide des Pharaos Cheops bei Giseh. Sie wurde ca. 2520 v. Chr. errichtet.

Von Herodot – das war ein griechischer Geschichtsschreiber – wissen wir, dass sie aus etwa 2 300 000 Steinblöcken besteht. Jeder einzelne Stein wiegt durchschnittlich zweieinhalb Tonnen. Das ist etwa so viel, wie zwei Autos auf die Waage bringen. Wissenschaftler schätzen, dass ca. 35 000 Menschen in der Zeit der Nilüberschwemmung an der Baustelle gearbeitet haben. Es dauerte über 23 Jahre, um die ursprünglich 146 m hohe und 230 m breite Pyramide fertig zu stellen.

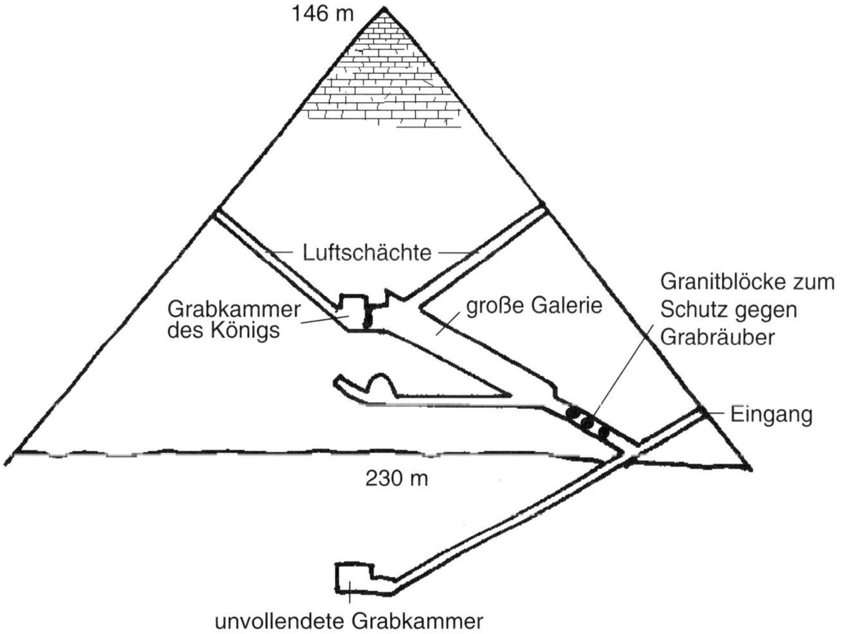

Stationentraining ÄGYPTEN

Name:	Station 6	Datum:

____

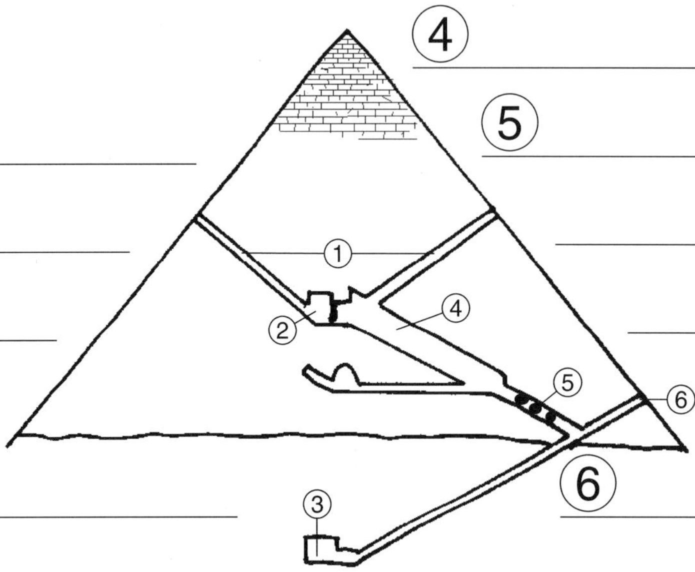

① ______________________

② ______________________

____

____

③ ______________________

____

④ ______________________

⑤ ______________________

____

____

____

⑥ ______________________

____

Die Pyramide des Pharaos Cheops bei Giseh wurde ca. __________ erbaut.

Breite: __________ Höhe: __________ Material: ______________

Zahl der Bauarbeiter: ______________ Bauzeit: ______________

Die Pyramiden von Giseh:
Mykerinos (links), Chefren (Mitte), Cheops (rechts)

Stationentraining ÄGYPTEN

Station 7
Wie ist der ägyptische Staat aufgebaut?

1. Du weißt sicher schon einiges darüber, wie in Ägypten regiert wurde. Sprich mit deinem Partner darüber!
2. Lies den Text genau!
3. Versuche, den Leerstellen im Text die richtigen Klammern zuzuordnen!
4. Drehe das Blatt um! Die schwarzen Großbuchstaben auf den Klammern ergeben als Lösungswort den Namen eines berühmten Pharaos.
5. Bearbeite jetzt das Arbeitsblatt!
6. Was hast du Neues erfahren?

Material:
- Informationstext
- Arbeitsblatt
- 6 Klammern

Stationentraining
ÄGYPTEN

Name:	Station 7	Datum:

An der Spitze des ägyptischen Staates stand der ______, der gleichzeitig als Gott verehrt wurde. Ihm gehörten das Land und auch die Menschen, die dort wohnten. Die ägyptische Gesellschaft war wie eine Pyramide aufgebaut.

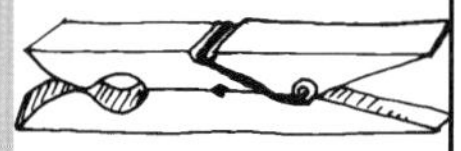

Um das riesige Land verwalten zu können, benötigte er viele ______, denen der ______ vorstand. Die Beamten hatten eine Reihe von wichtigen Aufgaben zu erfüllen (lies in deinem Geschichtsbuch nach). Sie waren angesehene und gut bezahlte Leute, die ein angenehmes Leben führten. Sie konnten sich eine Villa mit zahlreichen Dienern leisten, schöne Feste feiern, bei denen getanzt und musiziert wurde. Selbstverständlich gab es erlesene Speisen und Getränke. Zu den Beamten gehörten auch die ______, die in den Tempeln den Göttern Opfer darbrachten. Sie waren ebenfalls mächtige Leute, die keine Steuern bezahlen und auch keinen Kriegsdienst leisten mussten.

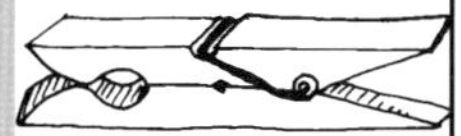
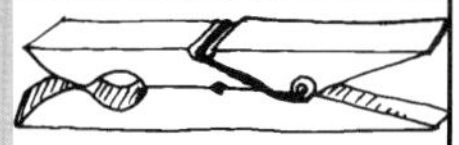
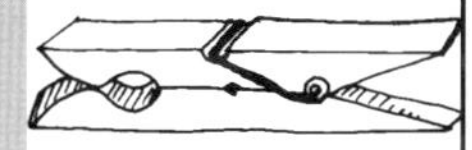

______ und ______ mussten sehr hart arbeiten und standen auf der untersten Stufe der Gesellschaftspyramide.
Informiere dich in Jugendbüchern über das Leben dieser Leute!

✂ Wortkärtchen ausschneiden und 6 Wäscheklammern mit den Wortkärtchen vorder- und rückseitig bekleben:

Beamte	HN	+	**Beamte**	HN		**Priester**	T	+	**Priester**	T
Pharao	EC	+	**Pharao**	EC		**Bauern**	O	+	**Bauern**	O
Wesir	A	+	**Wesir**	A		**Handwerker**	N	+	**Handwerker**	N

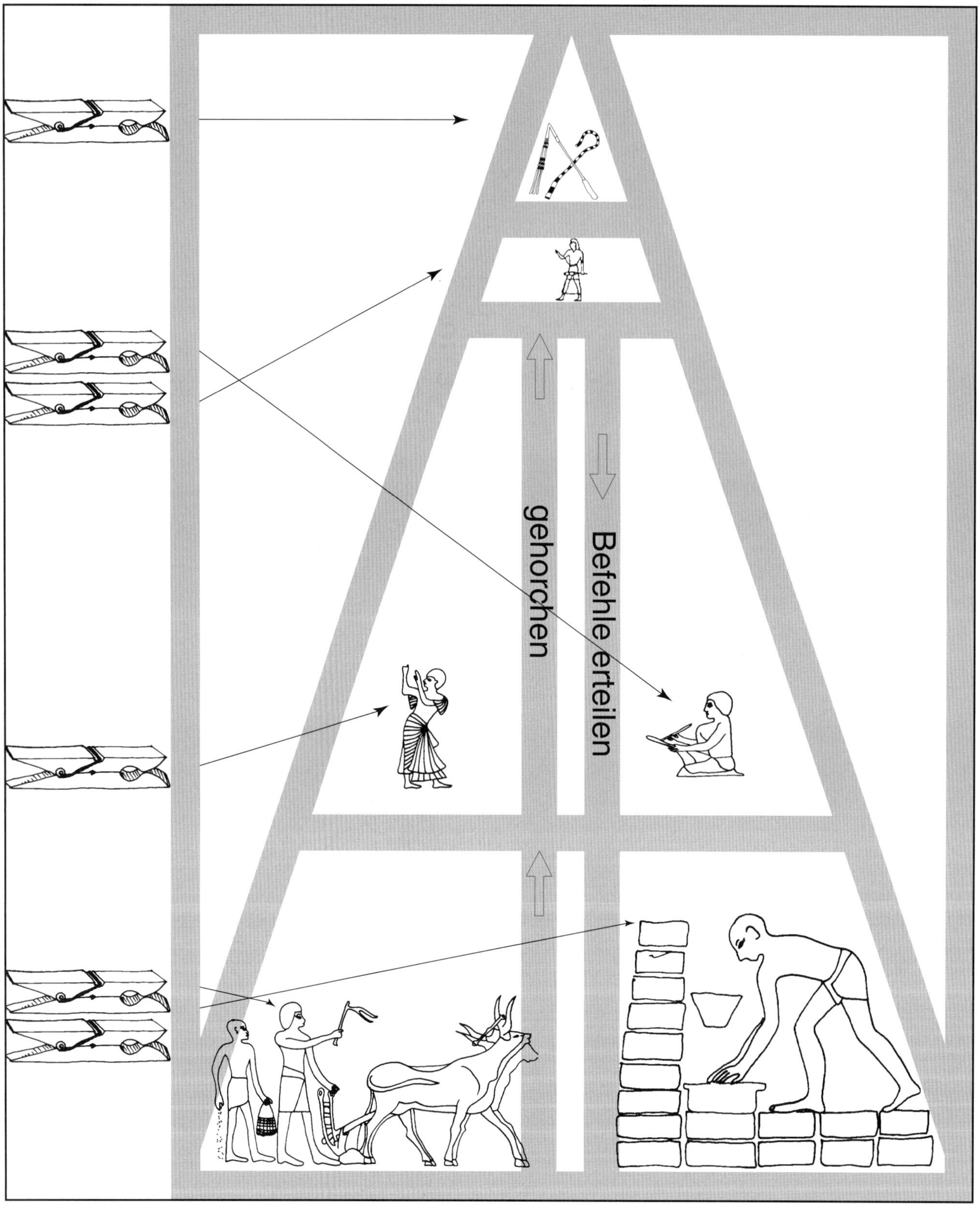
gehorchen
Befehle erteilen

Station 8
Wie wird Papyrus hergestellt?

1. Betrachte mit der Lupe das Papyrusbild! Kannst du dir vorstellen, wie Papyrus hergestellt wird? Überlege zusammen mit deinem Partner!
2. Lege die Wortkarten richtig auf das Arbeitsblatt!
3. Vergleiche mit der Lösungsrolle!
4. Besprich nun mit deinem Partner, wie Papyrus hergestellt wird, und bearbeite das Arbeitsblatt!

Material:
- Papyrusbild
- 8 Wortkärtchen
- Lupe
- Lösungsrolle
- Arbeitsblatt

Stationentraining
ÄGYPTEN

Bildvorlage **Station 8**

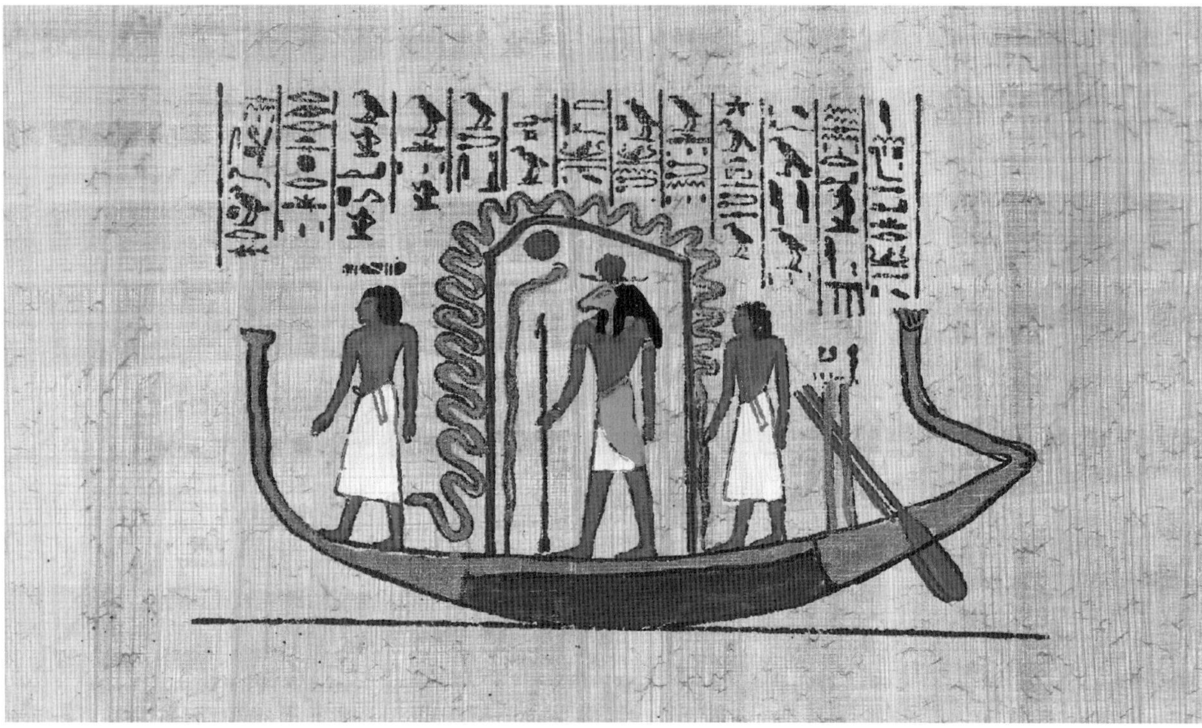

Wortkarten:

Mit einem Hammer die Streifen bearbeiten	**H**
flacher Stein als Unterlage	**G**
Papyrusstaude	**D**
Schneiden in Streifen	**F**
Decktuch	**A**
Übereinanderlegen der Streifen	**B**
Abschälen der Rinde	**C**
Polierstein	**E**

Station 8

Lösung: 1D 2C 3F 4H
5B 6G 7A 8E

8 Punkte:
Du bist ein Meister im Wissen um die Papyrusherstellung. Bravo!

7–6 Punkte:
Das war nicht übel! Bald hast du alles gelernt, was ein Papyrushersteller wissen sollte. Probiere es gleich noch einmal!

5–3 Punkte:
Das war erst die Trainingsrunde. Versuche es gleich noch einmal!

Lösungsrolle

Name:	Station 8	Datum:

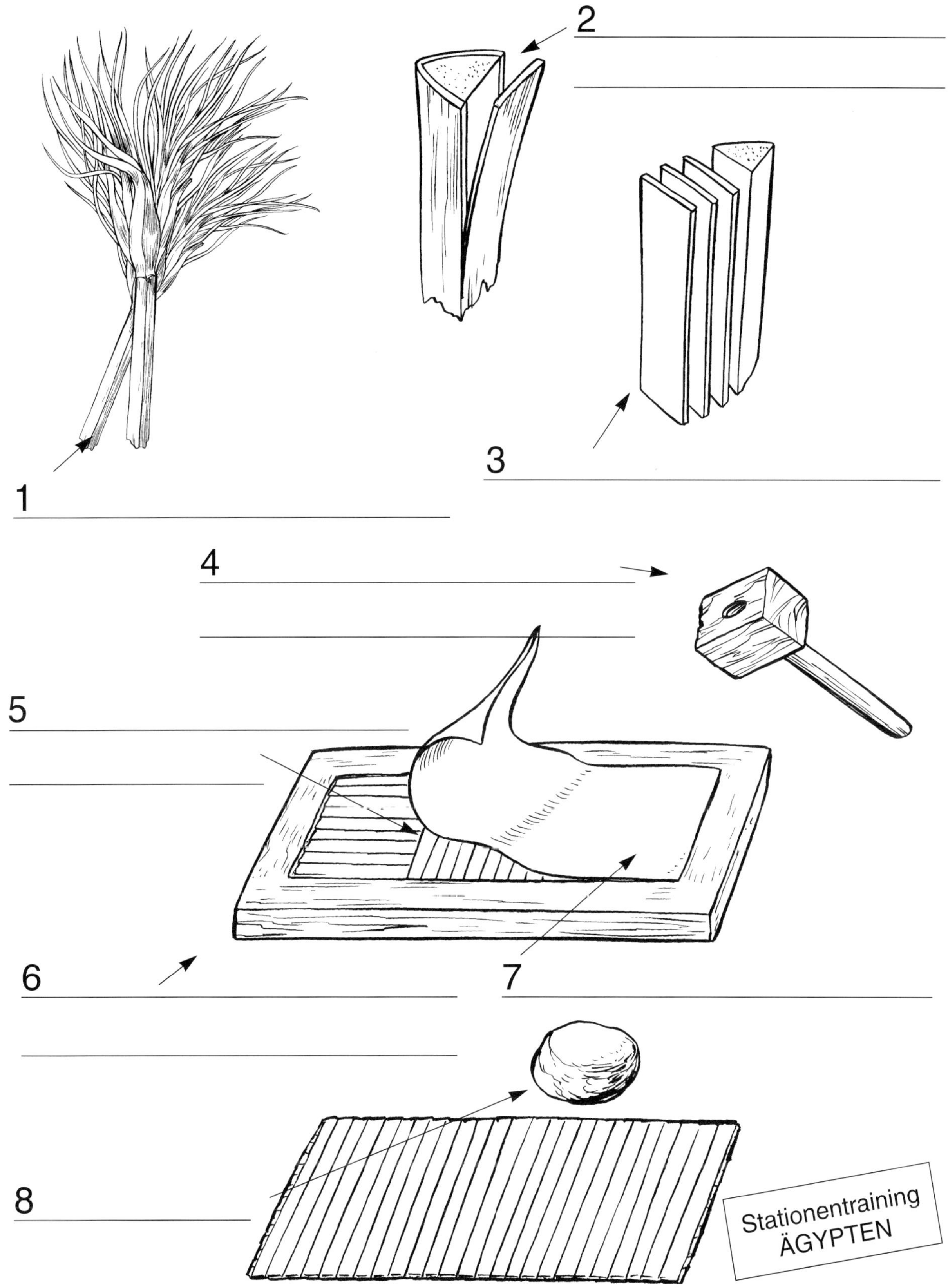

Station 9
Ägyptischer Schmuck aus Metallfolie

1. Betrachte die Bilder von ägyptischen Schmuckstücken!
2. Fertige einen Entwurf für eine Metallprägearbeit an!
3. Befestige den Entwurf mit Tesafilm auf der Metallfolie!
4. Fahre die Linien mit einem nicht zu spitzen Bleistift nach!
5. Entferne das Entwurfsblatt und ziehe die Linien kräftig nach!
6. Jetzt kannst du das Bild mit wasserfesten Folienstiften bemalen und das Motiv eventuell ausschneiden.

Material:
- Metallprägefolie DIN A4
- Papier für den Entwurf
- Bleistifte, Tesafilm, Folienstifte
- Kopiervorlage

Stationentraining
ÄGYPTEN

Station 9

Vorschläge für Metallprägearbeiten

Goldener Anhänger mit Uzar-Auge
Ägyptisches Museum Kairo

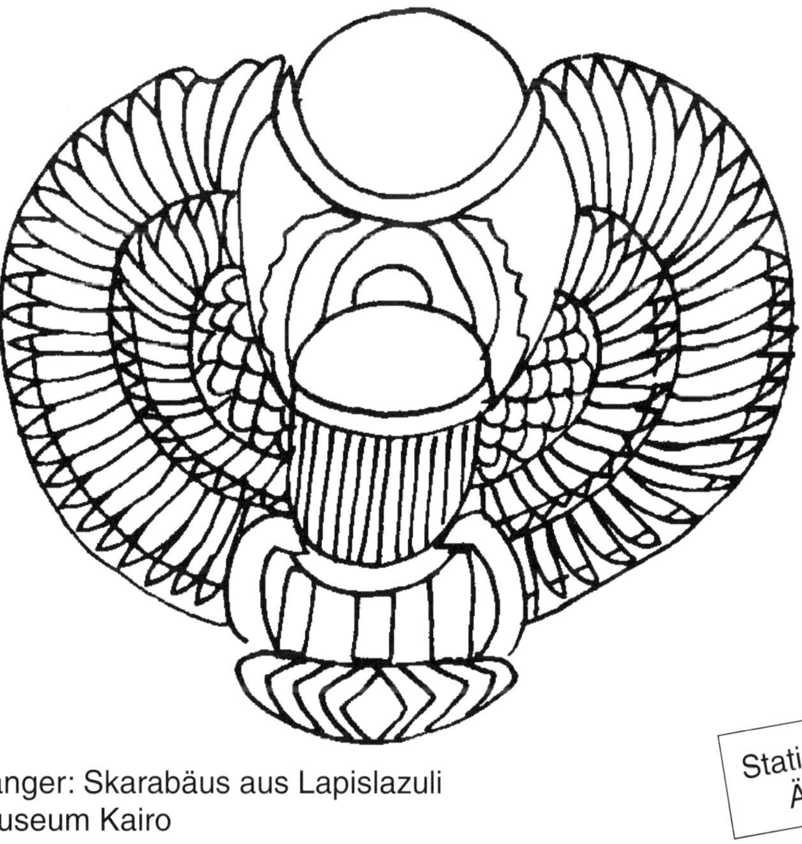

Goldener Anhänger: Skarabäus aus Lapislazuli
Ägyptisches Museum Kairo

Stationentraining ÄGYPTEN

Station 10
Papyrus einpflanzen

1. Fülle etwas Erde in einen Topf!
2. Stecke einen Papyrusableger in den mit Erde gefüllten Topf!
3. Drücke den Steckling leicht an!
4. Gieße vorsichtig und stelle deine Pflanze auf das Fensterbrett!
5. Gestalte einen Eintrag mithilfe des Arbeitsblatts!

Material:
- Papyrusableger
- kleine Blumentöpfe oder Gläser
- Blumenerde und Gießkanne
- Arbeitsblatt

Stationentraining ÄGYPTEN

Arbeitsblatt zu Station 10

Wir stellen Papyrusableger her

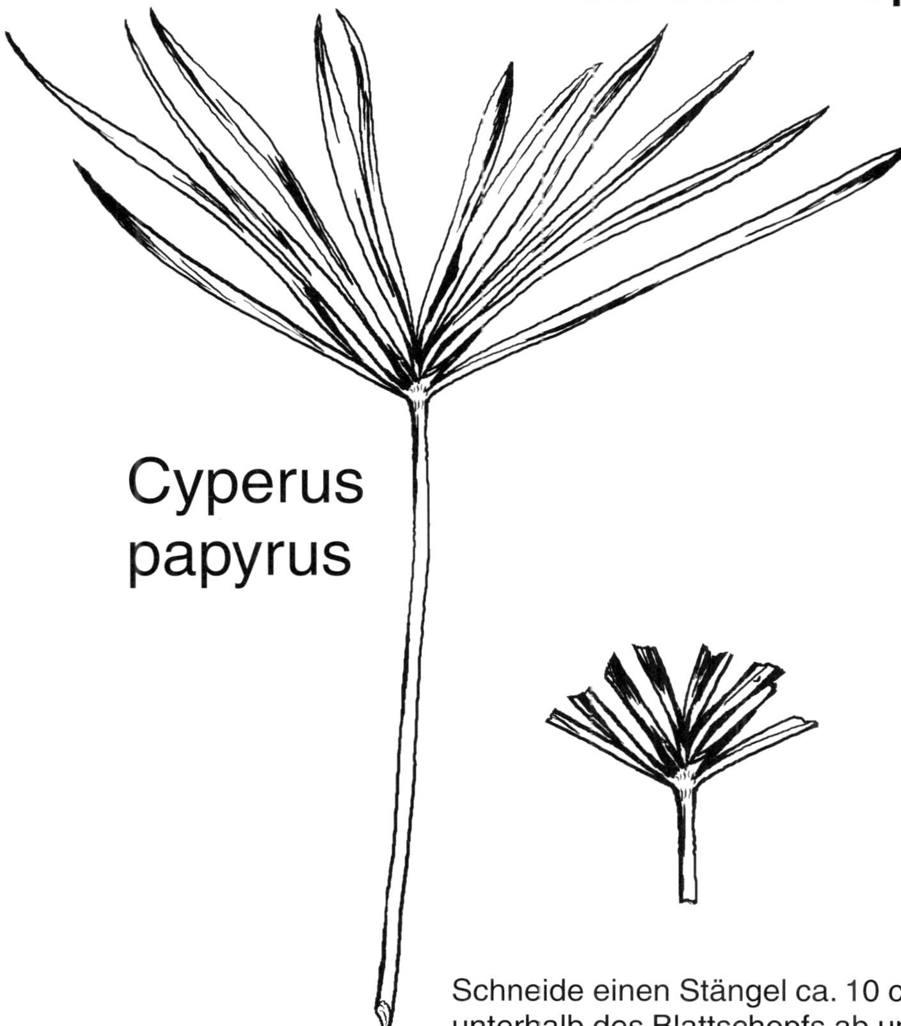

Cyperus papyrus

Schneide einen Stängel ca. 10 cm unterhalb des Blattschopfs ab und kürze die Blattenden!

Lege die Ableger in eine Schüssel mit Wasser! Schon bald wachsen kleine Wurzeln. Jetzt kannst du deinen Papyrus in feuchte Erde einpflanzen.

Station 11
Der Kind-König Tutenchamun

1. Höre dir den eingesprochenen Text zweimal an!
   Lies dabei den Text auf der Arbeitskarte mit!
2. Bearbeite jetzt das Arbeitsblatt!
3. Gestalte die Totenmaske Tutenchamuns farbig!

Material:
- eingesprochener/aufgenommener Text der Arbeitskarte
- Laptop, mobile Boxen, Smartphone
- Arbeitskarte
- Arbeitsblatt

Stationentraining ÄGYPTEN

Name:	Station 11	Datum:

Erkläre die 3 Zeichen der königlichen und göttlichen Macht des Pharaos Tutenchamun!

1 ______________________

____

____

____

2 ______________________

____

____

____

3 ______________________

____

____

Stationentraining ÄGYPTEN

Station 11
Der Kind-König Tutenchamun

Geier und Schlangenkopf auf dem goldverzierten Sarg zeigen, dass der Pharao Herrscher über Ober- und Unterägypten war. Der geflochtene Bart ist Zeichen der Göttlichkeit. Wedel und Krummstab weisen ihn als König aus.

Die Entdeckung von Tutenchamuns Grab
„Habe endlich wunderbare Entdeckung im Tal gemacht: ein herrliches Grab mit unbeschädigtem Siegel. Bis zu Ihrer Ankunft alles wieder zugeschüttet. Gratuliere." Dieses Telegramm stammt von dem Ägyptologen Howard Carter, die Rede ist hier von dem Grab des Tutenchamun, eines der berühmtesten Gräber überhaupt. Der jung verstorbene Tutenchamun war ein König der 18. Dynastie. Erst am 26. November 1922 wurde das Grab geöffnet. Es wurde bei Königsgräberplünderungen von Grabräubern vor ewigen Zeiten übersehen und dann von einem kleinen Jungen, der im Sand einer Ausgrabungsstätte am Grab von Ramses VI. spielte, gefunden. Diese Grabuntersuchungen wurden durch Lord Carnarvon, der sehr an Ägyptologie interessiert war, finanziert.

So kam es zur Entdeckung einer Treppe, die zu einer Öffnung in das uralte Grab führte. Diese war vermauert und musste erst freigelegt werden. Carter gelangte so in einen Gang mit einer weiteren Tür, in die er ein Loch hineinstieß. Dahinter befand sich eine Kammer, in der er im Kerzenlicht zunächst nichts erkennen konnte. Seine Eindrücke schildert er so: „als meine Augen sich an das Licht gewöhnt hatten, nahm ich allmählich Einzelheiten wahr – seltsame Tiere, Statuen und Gold, überall das Gleißen von Gold."

Die Funde in der Grabkammer waren ein großes Durcheinander – Bettlager, Möbel aus Ebenholz oder auch Elfenbein, Streitwagen, kostbare Truhen und Krüge. All das war praktisch unversehrt, was dieses Grab besonders auszeichnete. Hinter einem großen goldenen Holzschrein gab es einen weiteren Raum mit einem weiteren goldenen Schrein. Dort befanden sich außerdem Modellbote, weitere Truhen und eine Anubisstatue. Diese Stätte auszuräumen, kostete viele Jahre der Arbeit. Nun befinden sich die meisten Schätze im Ägyptischen Museum in Kairo. Tutenchamuns Mumie allerdings ruht wieder in seinem Grab.

Station 12
Wie schrieben die Ägypter?

1. Ordne die Bild- und Textkarten richtig zu!
2. Überprüfe mit der Lösungsschatztruhe!
3. Gestalte mit den Bild- und Textkarten auf dem Arbeitsblatt einen Eintrag.

Material:
- 6 Bildkarten (groß)
- 6 Textkarten (groß)
- Lösungsschatztruhe
- Arbeitsblatt

Stationentraining
ÄGYPTEN

✂ Bildkarten ausschneiden! **Station 12**

A Station 12

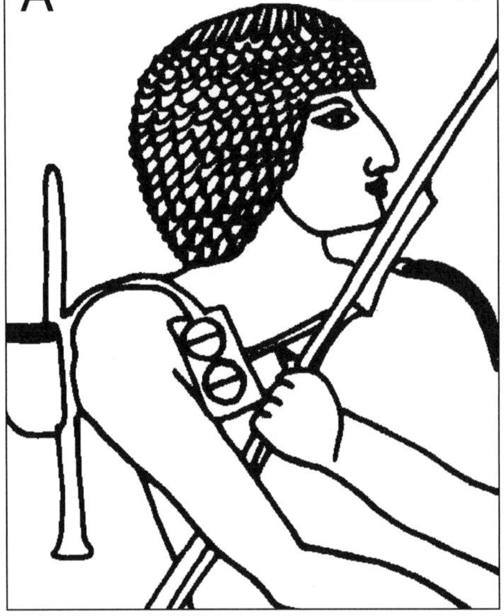

D Station 12

C Station 12

B Station 12

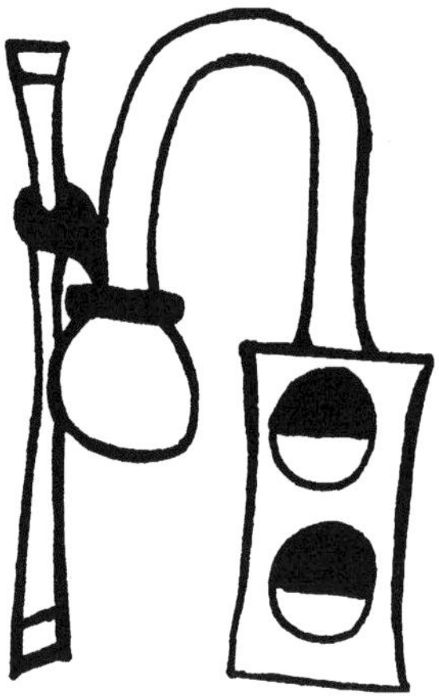

E Station 12

F Station 12

Stationentraining
ÄGYPTEN

✂ Textkarten ausschneiden! **Station 12**

1 Station 12

Rohrpinsel:
Das Ende eines Binsenstängels wird gekaut oder gehämmert.

2 Station 12

Schreiber bei der Arbeit.
Sie tragen Ersatzpinsel hinter dem Ohr.

3 Station 12

Schreiber hält Papyrusrolle
auf den Knien.

4 Station 12

Ägyptisches Pinselkästchen

5 Station 12

Diese Hieroglyphe ist das Zeichen für „Schreiber“. Sie zeigt die Arbeitsgeräte, die ein Schreiber benötigte:

– Kästchen mit Vertiefungen für rote und schwarze Farbe,
– Beutel zur Aufbewahrung des Farbpulvers,
– Halterung für Binsenstängel.

6 Station 12

Ein Schreiber,
der sein Werkzeug bei sich trägt.

Stationentraining ÄGYPTEN

Lösungsschatztruhe

Station 12

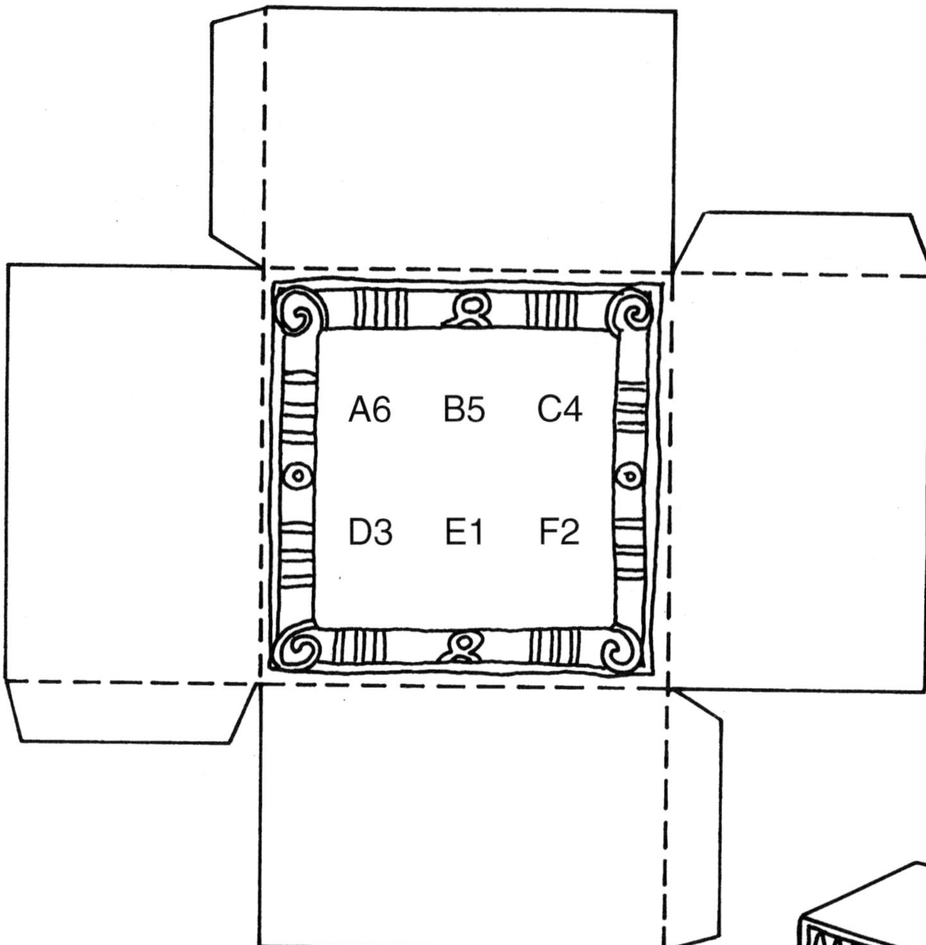

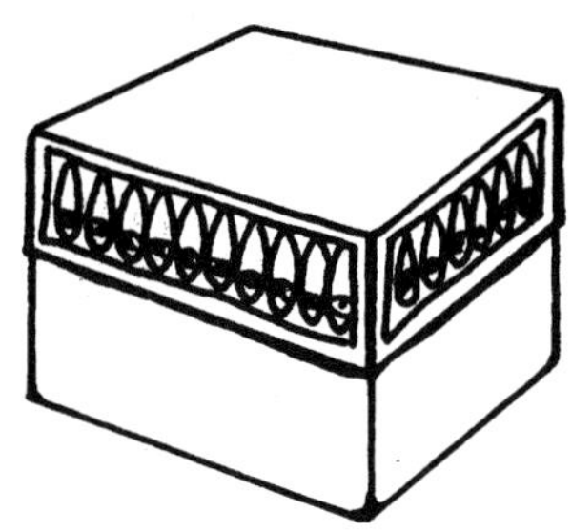

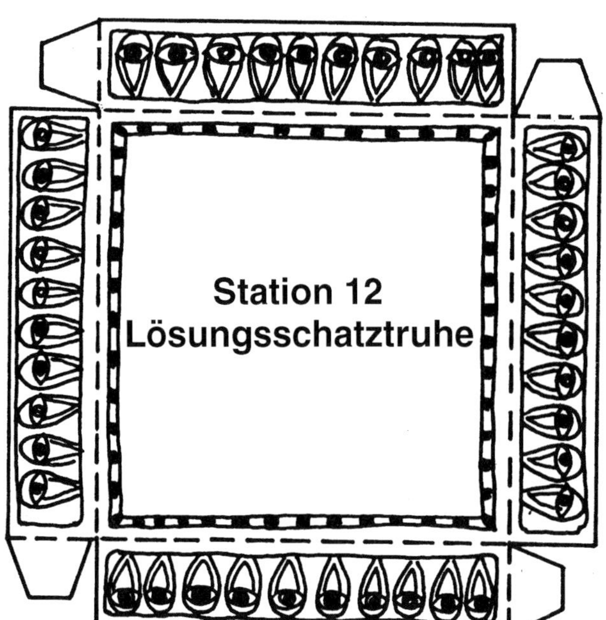

Stationentraining
ÄGYPTEN

Arbeitsblatt zu Station 12

✂ Schneide die 12 Kärtchen aus!
Klebe die passenden Bild- und Textkärtchen in deine Mappe!

1 Station 12

Rohrpinsel:
Das Ende eines Binsenstängels wird gekaut oder gehämmert.

2 Station 12

Schreiber bei der Arbeit.
Sie tragen Ersatzpinsel hinter dem Ohr.

3 Station 12

Schreiber hält Papyrusrolle auf den Knien.

4 Station 12

Ägyptisches Pinselkästchen

5 Station 12

Diese Hieroglyphe ist das Zeichen für „Schreiber“. Sie zeigt die Arbeitsgeräte, die ein Schreiber benötigte:
- Kästchen mit Vertiefungen für rote und schwarze Farbe,
- Beutel zur Aufbewahrung des Farbpulvers,
- Halterung für Binsenstängel.

6 Station 12

Ein Schreiber,
der sein Werkzeug bei sich trägt.

A Station 12

C Station 12

B Station 12

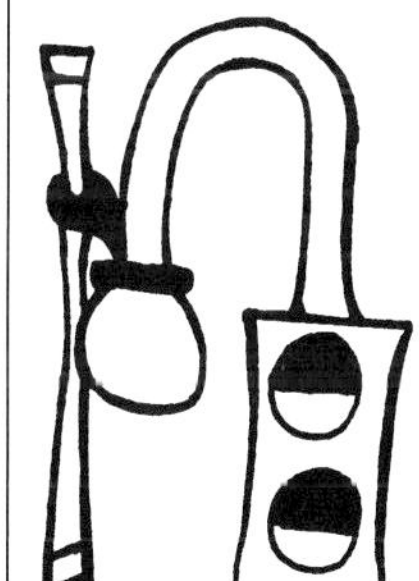

E Station 12

D Station 12

F Station 12

Irmgard Schwoshuber: Stationentraining ÄGYPTEN

Station 13
Plakate gestalten

1. Überlege dir gemeinsam mit deinem Partner ein Thema! Anregungen findest du in den Jugendbüchern.
2. Gestaltet nun ein Plakat, das ihr dann im Klassenzimmer aufhängen könnt! Vielleicht könnt ihr auch eine Ausstellung zum Thema Ägypten zusammenstellen.

Material:
– Plakatkartons
– Bilder aus Prospekten
– Klebstoff, Schere, Plakatschreiber

Stationentraining
ÄGYPTEN

Station 14
Lesestation

1. Besorgt euch Bücher zum Thema Ägypten aus der Schul-, Stadt- oder Gemeindebücherei!
2. Vielleicht hast du auch zu Hause ein Ägyptenbuch. Es wäre schön, wenn du es mitbringen könntest.
3. … und nun: **Viel Spaß beim Lesen!**

Stationentraining
ÄGYPTEN

Material:
– Alle Bücher, die es zum Thema Ägypten gibt

Lösungen der Stationen

Station 1:

Nr.				↓								
1			R	**O**	T	E	S	■	M	E	E	R
2			I	**S**	R	A	E	L				
3			M	**I**	T	T	E	L	M	E	E	R
4	K	A	I	**R**	O							
5			N	**I**	L							
6				**S**	U	D	A	N				

Der ägyptische Gott heißt OSIRIS.

Station 2:

Die Cheops-Pyramide bei Giseh wurde ca. 2520 v. Chr. erbaut.
Sie besteht aus über zwei Millionen Steinblöcken und ist ca. 146 m hoch.

Station 3:

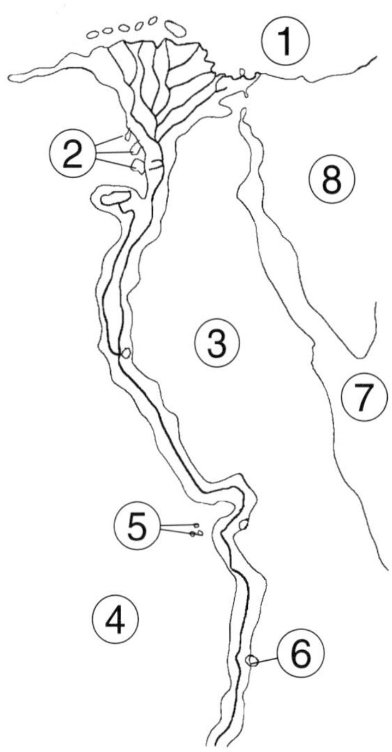

1. Mittelmeer
2. Pyramiden von Giseh und Sakkara
3. Arabische Wüste
4. Libysche Wüste
5. Tal der Könige
6. Assuan
7. Rotes Meer
8. Wüste Sinai

Station 4:

Das hast du gut gemacht!

Station 5:

Osiris,	der bekannteste ägyptische Gott,
ist König des Totenreiches.	Krone, Krummstab und Wedel
weisen Osiris als König aus,	der geflochtene Bart als Gott.
Die grüne Hautfarbe	bedeutet
so viel wie „Lebensspender“.	Bild: Osiris

Station 6:

Die Pyramide des Pharaos Cheops bei Giseh wurde ca. 2520 v. Chr. erbaut.
Breite: 230 m – Höhe: 146 m – Material: 2 300 000 Steinblöcke
Zahl der Bauarbeiter: 35 000 – Bauzeit: über 23 Jahre

Station 7:

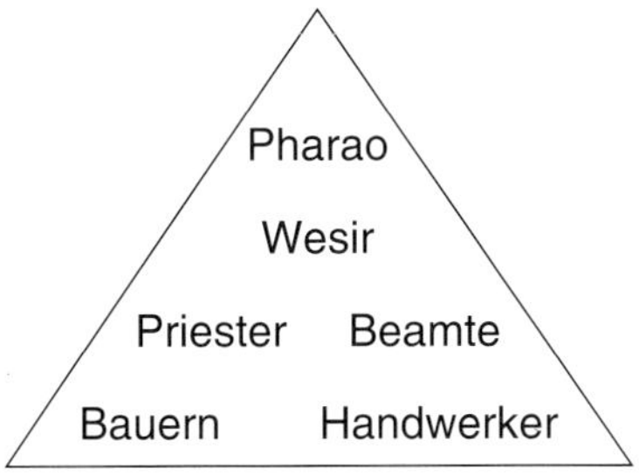

Station 8:

1D 2C 3F 4H 5B 6G 7A 8E

Station 11:

Erkläre die 3 Zeichen der königlichen und göttlichen Macht des Pharaos Tutenchamun!

1. Geier und Schlangenkopf: Herrscher über Ober- und Unterägypten
2. Geflochtener Bart: Zeichen der Göttlichkeit
3. Krummstab und Wedel weisen Tutenchamun als König aus.

Station 12:

A6 B5 C4 D3 E1 F2

Ideen, Ideen, Ideen

... für weitere Stationen:

- Landwirtschaft im Niltal vor 5000 Jahren und heute
- Wissenschaftliche und technische Leistungen der Ägypter
- Das Geheimnis der Hieroglyphen – die abenteuerliche Entschlüsselung der ägyptischen Schrift durch Jean Francois Champollion
- Stempelspiel: Spaß mit Hieroglyphen
- Ägyptischen Perlenschmuck herstellen
- PC-Station zum Thema Ägypten

... für Erkundungen und weiterführende Arbeiten:

- Besuch einer ägyptischen Sammlung oder eines ägyptischen Museums
- Wandgestaltung mit Mineralfarben nach ägyptischen Vorbildern
- Bildbetrachtung „Die Legende vom Nil“ von Paul Klee
- Gestaltung einer Ausstellung

Jederzeit optimal vorbereitet in den Unterricht?

»